CHRONIQUES DE GENÈVE

CHRONIQUES DE GENÈVE

I

M. le baron Édouard de Septenville, nommé membre correspondant de la Société d'Histoire le 12 mars 1868, en même temps qu'il lui adressait une lettre de remerciements pour cette nomination, lui fit cadeau d'un volume manuscrit, provenant de la bibliothèque du baron de Grenus. Ce volume qui portait le n° 325 dans le cabinet du baron de Septenville, prit place dans la collection de nos manuscrits sous le n° 231. Il contient les ouvrages ou documents ci-après :

Folio 1 : *Le premier libvre des Chroniques de la cité de Genève*, en 44 chapitres, dont le dernier se termine ainsi (folio 79) :

« Mais l'année suyvante, qui sera comptée 1517, advindrent à la dicte ville de Genève les plus grandes fascheries et difficultez qu'on trouve avoir icelle oncques heu, ayant le duc et l'évesque esclot leur venin si longuement couvé : duquel toutesfois le Seigneur, par sa grande miséricorde, l'aurait miraculeusement préservée, ayant la tribulation de Genève servi de ruyne et confusion au duc de Savoye et à ses partisans, selon qu'il sera déclaré. »

Folio 80 : *Le second libvre des Croniques de Genève*, en 12 chapitres, dont le dernier se termine ainsi (folio 147) :

« La dicte maladie continua par tel artifice jusqu'en l'année

1545, qui feust une année prospère, tant par la cessation d'icelle maladie, qui avoit tant affligé, par trois ou quattre années précédentes, la ville, que par la fertilité et abondance de tous biens qu'il pleust à Dieu d'envoyer au pays : de quoy un chacun eust occasion de resjouissance et consolation, voyant non seulement sa verge appaisée, mais quand et quand aussy sa bénédiction sur toutes choses. »

Folio 148 : *Coppie de deux épistres préparatires aux histoires et autes de Genève, ...composées par M⁰ Antoine Froment, jadis ministre au dict Genève. Imprimées par Jean Girard au dict lieu, en l'année 1554.*

Au milieu de la seconde de ces épîtres, cette copie est interrompue par une lacune de vingt pages dans notre manuscrit (folios 153 à 162). Cette lacune existait déjà quand notre manuscrit fut relié, à la fin du siècle dernier ou au commencement de celui-ci.

Folio 163 : « S'ensuyvent les droicts employez par Messieurs les députez de Son Altesse, contre la Seigneurie et république de Genève, en la journée tenue au lieu d'Hermence, balliage de Chablais, au mois d'octobre 1598. » Ces documents et ceux qui leur font suite : « les droits opposez contre les susdicts, de la part de la Seigneurie de Genève, en la dite conférence d'Harmence » etc.. vont jusqu'au folio 168.

Le relieur a fait ici une interversion dans l'ordre des feuillets, sans doute afin de réunir tout ce qui dans le manuscrit était de la même main. Après le folio 168 vient immédiatement le folio 207.

Folio 207 : *S'ensuyvent les noms des S⁰⁰ Syndiques de Genève, dès l'an 1503.* Cette liste occupe les folios 207, 208 et 209, qui sont suivis immédiatement par le folio 216.

Folio 216 : *Les Seigneurs Lieutenants de Genève, dès l'année 1530.*

Dans ces listes de syndics et lieutenants, ce qui est de la même main que les *Chroniques de Genève* va jusqu'à l'année 1618[1]. Ces listes ont été continuées par d'autres mains au

---

[1] Au premier coup d'œil, l'écriture de ces listes paraît autre que celle des *Chroniques* ; la forme des *e*, notamment, est différente, est moderne.

verso des folios 209 et 216, et la liste des syndics a été de
même [1] reprise et complétée jusqu'à l'année 1792 (folios 170 à
194 : il y a là encore, dans l'ordre des feuillets, des interver-
sions et des lacunes qu'il serait sans intérêt de suivre dans le
détail).

Ces listes de magistrats, cette table des pièces produites aux
conférences d'Hermance, sont des documents qui se retrouvent
dans maint manuscrit de nos collections publiques et particu-
lières. Mais les *Chroniques de Genève* qui occupent dans le
manuscrit de Septenville trois cents pages d'une écriture ser-
rée, ne sont connues que par lui, et lui donnent en conséquence
un grand prix. On se demande à quelle date et par qui elles
ont été écrites.

II

Les Chroniques de Bonivard, dont on a deux éditions, les
Chroniques de Roset, qui sans doute en auront bientôt une, les
Annales de Savyon, dont une partie a été mise au jour par
M. Fick : — tous ces ouvrages historiques déjà connus ne
s'identifient point avec les Chroniques du manuscrit de Septenville, qui sont l'œuvre originale d'un auteur anonyme. Il
écrivait — je vais essayer de l'établir — un peu avant ou
après 1600.

Le chapitre VIII du premier livre est intitulé : *Plusieurs
antiquitez et monuments qui se trouvent encores pour le jour
d'huy en divers endroicts de la ville de Genève, servans de tes-
moignage de son ancienneté, selon qu'ils ont été recullis et ras-
semblez par plusieurs studieux de l'antiquité.* C'est un recueil
d'inscriptions, comme celui qu'on trouve au chapitre VII du
premier livre des Chroniques de Bonivard. Notre auteur y cite

Mais que l'on prenne dans les *Chroniques* certains passages qui sont des
citations (folios 1, 18, 61, 112 par exemple) on y retrouvera la même
écriture qui est celle des listes jusqu'en 1618.

[1] Les listes syndicales de 1780 à 1791 sont de la main du commissaire-
général Noël.

trois inscriptions d'après Lipsius [1] : *Ex Lipsio desumpta sequens inscriptio Genevæ adscripta, quæ jam non extat. — Ex Lypsio hoc itidem desumptum monumentum. — Aliud ex eodem.* Ces trois inscriptions sont empruntées au Supplément ajouté par Juste Lipse à l'édition qu'il donna en 1588 de l'ouvrage de Smetius : *Inscriptionum antiquarum quæ passim per Europam, liber. Accessit auctarium a Justo Lipio.*

Notre auteur a donc écrit ce chapitre VII après 1588. Un autre passage de ses Chroniques nous conduit également à en fixer la date à l'extrème fin du XVIe siècle. C'est au commencement du chapitre XXIX, livre premier :

« Estants parvenus au règne d'Ademarus, évesque de Genève, nous avons inséré au précédent chapitre les ordonnances anciennes de la ville, telles qu'elles avoient longtemps auparavant, par les prédécesseurs au dict évesché, par l'églize et les citoyens, esté pratiquées et observées : qui estoient désignées et qualifiées : « Libertés et franchises »; lesquelles le dict évesque auroit de son temps faict renouveller et rafreschir, les faisant rédiger par notaires en forme probante, pour estre icelles d'autant plus exactement observées, selon que tant la préface que l'épilogue font foy ; les ayant pour ce regard voulleu laisser en leur prédicte forme [2], selon qu'elles auroient esté non seulement traduites en langue vulgaire, mais aussy mises en lumière par l'impression qui en feust faicte *il y a près de cent ans*, afin d'estre icelles de rechef communiquées à ceux qui n'en ont cognoissance, veu la rareté qui est maintenant des dicts exemplaires, par le long laps de temps, et troubles et autres sinistres accidents, perdus et esgarez ; avec ce qu'on ne s'est soucié d'en conserver autrement la mémoire : attendu que du despuis la

[1] Ces trois inscriptions ont dans Spon (*Histoire de Genève*, édition de 1730, tome II) les n°s 39, 8 et 14. Mommsen les a classées toutes trois parmi les *inscriptiones falsæ vel suspectæ* (n°s 10, 7 et 9).

[2] Le chapitre XXVIII du premier livre de ces *Chroniques* est intitulé : *Les libertés et franchises de Genève*, et contient la copie pure et simple de l'édition que Jean Belot donna en 1507 de la traduction du texte latin des Franchises d'Adémar Fabri, par Michel Monthyon. (Voir *Mémoires de la Société d'Histoire de Genève*, tome II, pages 304 et suivantes.)

réformation de l'évangile et déchassement de la papauté, ceux qui ont heu le régime de l'églize et république soit communauté de la ville, ont faict dresser d'autres ordonnances, tant pour l'ecclésiastique que pour le civil et politic, qualifiées : « Edicts », qui y sont pour encores observez. »

Il y a près de cent ans : ces mots doivent faire placer aux environs de l'an 1600 la rédaction de nos Chroniques ; et si l'on remarque que notre manuscrit, où sont rassemblés, nous l'avons vu, des documents divers, n'offre rien qui se rapporte à l'Escalade, on est conduit à penser qu'un événement qui impressionna tellement les Genevois et fit éclore tant de récits, doit être postérieur au moment où notre auteur abandonna sa compilation [1].

Longtemps plus tard, en 1618, il reprit la plume pour enrichir son volume d'une liste de magistrats, que d'autres mains ont continuée après lui. Mais la rédaction de ses Chroniques et le tableau que dans les premiers chapitres il a fait de Genève — nous le publions plus loin — se rapportent au temps du règne d'Henri IV.

A cette époque, Antoine Froment était mort ; il faut donc écarter le nom de cet auteur, qui avait été placé de nos jours sur la première page du volume. — Jean Goulart, né le 12 août 1582, et Ami Favre, né le 22 mars 1592, qui tous deux ont fait des recherches sur notre histoire [2], n'étaient pas encore, à la fin du XVI⁰ˢ siècle, d'âge à pouvoir écrire nos Chroniques. David Piaget lui-même, né le 31 octobre 1580, eût été bien jeune encore, quoiqu'il ait su à vingt-deux ans, dans les premiers mois de 1603, écrire sur l'Escalade trente pages intéressantes [3]. Mais il y a une raison sans réplique pour l'exclure :

---

[1] Voir encore plus loin, page 263.

[2] Senebier, *Histoire littéraire de Genève*, tome II, pages 174 et 177.

[3] *Histoire de l'Escalade avec toutes ses circonstances*, par David Piaget, citoyen de Genève, publiée avec une introduction et des notes, par L. Dufour-Vernes et Eugène Ritter. Genève 1862, 63 pages in-8⁰ (tirage à part du *Bulletin de l'Institut genevois*, tome XXV). Le chapitre II de la préface de cet opuscule a été rédigé par M. Dufour-Vernes, et contient une esquisse de la biographie de David Piaget, à laquelle on me fait remarquer qu'il faut ajouter la mention de son séjour à l'Université de Bâle

c'est que le manuscrit de Septenville — à en juger par les corrections qui sont de la même main que le reste, et qu'on y voit çà et là, par exemple au folio 40 — est le manuscrit autographe de l'auteur de nos Chroniques, et que l'écriture n'en est pas du tout l'écriture aujourd'hui bien connue de David Piaget.

Mon savant collègue M. Dufour-Vernes, qui a recherché avec soin tout ce qui se rapporte à cet intéressant écrivain, dont il a remis en lumière l'*Histoire de l'Escalade*, a trouvé sa signature au bas d'un certain nombre d'actes notariés :

Minutes d'Étienne Revilliod, XVI, 237, du 26 juillet 1613 ; minutes d'Étienne de Mouthoux, XXXIV, 130, du 6 juin 1620 ; minutes de Melchisedech Pinault, X, 3, du 8 janvier 1628, etc. Et ce qui est mieux encore, M. Dufour-Vernes a trouvé une requête de la main de David Piaget, adressée par lui au Conseil, lue en séance le 1ᵉʳ mars 1628, et annexée aux minutes du notaire Pierre de Mouthoux (I, 52). L'écriture de David Piaget est devenue familière à ceux qui se sont occupés de lui, et l'on a pu ainsi s'assurer qu'il subsiste encore, écrits de la main même de cet auteur, trois gros manuscrits[1] qui contiennent des compilations relatives à l'histoire de Genève.

Je reviens à l'auteur des Chroniques qui nous ont été conservées par le manuscrit de Septenville. Après que les conjectures qui s'étaient présentées en premier lieu eurent été écartées, comme j'entretenais M. Dufour-Vernes du problème qui continuait à m'occuper, nous nous sommes demandé si l'on ne pourrait pas attribuer ces Chroniques au pasteur Simon Goulart, ce laborieux et fécond écrivain, qui fit partie de notre clergé dès 1566, qui est mort à Genève, le 3 février 1628, et qui, dans cet espace de soixante ans, n'est sorti du pays que rarement et pour peu de temps.

La comparaison des écritures donne beaucoup de vraisem-

---

où il fut immatriculé le 2 février 1601 (communication de M. Théophile Dufour) et à l'Université de Leyde, où il fut immatriculé dans la Faculté de théologie à la date du 2 avril 1608 (*Indicateur d'histoire suisse*, nouvelle série, tome II, page 139.)

[1] Bibliothèque publique de Genève, mẟg, 141 c ; Société de lecture de Genève, brochures genevoises, nᵒ 130 ; Bibliothèque de Grenoble, nᵒ 916.

blance à cette hypothèse, que rien ne paraît contredire. Ce qui
fait de la difficulté, c'est qu'on hésite à croire qu'une pièce
aussi considérable de l'héritage littéraire de Simon Goulart ait
pu rester inaperçue et inconnue jusqu'à ce jour. Essayons
cependant de nous représenter ce qui a pu se passer.

Au milieu de sa longue carrière, le pasteur Goulart aurait
entrepris d'écrire des Chroniques de Genève. Mais une tradi-
tion gouvernementale, qui s'est continuée pendant plus d'un
siècle, était contraire à la publication de travaux semblables [1].

[1] *Registre du Conseil*, 17 mai 1633. « Pierre Perrin, appellé pour
avoir dressé un livre, qu'il intitule l'*Histoire de Genève*, et l'avoir baillé
à relier, a esté envoyé en prison pour en respondre. »

Dans les deux interrogatoires que Perrin subit le même jour, il dit
qu'il s'est servi pour composer son livre des mémoires de Goulart, de
Roset, de Piaget, de Savyon, du *Citadin de Genève*, etc., cités au commencement de son livre; il a rendu à M. Goulart et à M. Piaget les papiers
qu'il tenait d'eux. — Le magistrat qui l'interroge lui reproche « qu'il a
voulu faire du Docteur, ...et qu'il debvoit savoir qu'il n'appartient à
personne de mettre la main à l'Histoire que par autorité du Conseil;
qu'il n'a pas tenu de mettre cet Estat er péril par sa présomption;
...qu'il n'a pas tenu de mettre cet Estat en mauvais mesnage avec la
France, Savoye et Suisse. »

Registre du Conseil, 21 mai 1633. « Pierre Perrin, prisonnier pour
avoir composé un livre de mémoires, intitulé l'*Histoire de Genève*, où
malicieusement il blasme aucuns particuliers et allègue plusieurs choses
contre la vérité : a été arresté qu'il demandera pardon à Dieu et à
Messeigneurs, genoux en terre, et confessera avoir mal faict: et que son
livre soit supprimé. »

Registre du Conseil, 24 novembre 1635. « Pierre Perrin a présenté
requeste, par laquelle il ....supplie Messeigneurs, il leur plaise ...qu'ayant
esgard à la peine et travail qu'il auroit employé avec despends à la
recerche et cognoissance de l'origine, progrès et estat passé et présent
de sa patrie, luy libérer le livre qu'il en a fa..t: ou, s'il leur plaist le
retenir pour leur service, luy eslargir ce qu'ils jugeront équitable. Sur
quoy, arresté qu'on mande à Mons' le Thrésorier de luy delivrer cinquante
florins.... sans espoir de rien obtenir plus outre. »

Registre du Conseil, 24 juillet 1689. « M. le Premier Syndic ayant
rapporté qu'un particulier luy avoit mis entre les mains un petit manu-
script, contenant l'histoire de la Réformation de Genève, luy demandant
la permission de le faire imprimer : a esté dit qu'il n'estoit pas à propos
d'exposer au jour un traitté de cette nature. »

Cp. d'autres extraits du même registre, cités par M. Dufour-Vernes,
sur les mesures prises en 1648 par le Conseil au sujet de l'*Histoire de*

Le Magistrat genevois ne les aimait pas ; il s'en défiait. Bonivard et Roset n'avaient pas eu le plaisir de voir leurs Chroniques paraître au jour. Il y avait là une cause de découragement pour tous ceux qui entreprenaient d'écrire l'histoire de Genève.

Nos Chroniques, dans l'état où elles ont été abandonnées par leur auteur, n'étaient pas seulement un livre inachevé : c'était un ouvrage mal proportionné et mal digéré. On ne peut s'étonner que Simon Goulart ait laissé dormir les cahiers qui contenaient cet essai. Trente ans se sont écoulés, pendant lesquels ont pu mourir ceux à qui il avait pu en parler. On s'explique ainsi qu'après qu'il fut mort lui-même, ceux qui ont dressé la liste de ses écrits, n'aient pas signalé un manuscrit, qui néanmoins nous a été heureusement conservé.

Voilà l'hypothèse que je présente au lecteur, sans la lui imposer. La question, je le reconnais, demeure ouverte. Un chercheur plus heureux que moi réussira peut-être un jour à la résoudre, et fixera définitivement le nom de notre auteur.

Son ouvrage, comme je l'ai dit, commence par un tableau de la ville de Genève, telle qu'elle était au temps du roi Henri IV: tableau intéressant, puisqu'il est tracé par un contemporain, par un homme qui savait voir et qui savait écrire. Son style sans doute est un peu traînant, et c'est un tic chez lui de répéter à tout moment : *le dict, la dicte* ; néanmoins il se laisse lire avec agrément. Les premiers chapitres de ses Chroniques sont un document qui méritait d'être mis au jour. La description qui y est donnée de la ville de Genève et du pays qui l'entoure, est entrelacée de quelques morceaux d'histoire et de légende, qu'il était difficile d'en détacher, et qui ne sont pas d'ailleurs sans intérêt : aussi n'ai-je pas fait de coupure, sauf à la fin du chapitre VII. Le chapitre VIII, qui traite des inscriptions de Genève, sujet que les savants de nos jours ont beaucoup plus approfondi que notre auteur, devait naturellement être laissé de côté.

Eugène RITTER.

Genève de David Piaget (*Bulletin de l'Institut genevois*, tome XXV, pages 361 et 362).

CHRONIQUES DE LA CITÉ DE GENÈVE

CHAPITRE I

De la situation et assiette de la ville de Genève.

La très antique et noble cité de Genève a esté anciennement assise et bastie sur un coutault, à l'endroit d'où le
fleuve du Rhosne sort du lac Léman, du costé du vent,
aux fins du païs anciennement qualiffié des Allobroges : le
dict lac ayant pris son nom de Lemanus, père de Eruc-
tonius, duquel les enfans se nommoient Sequanus, Allobrox et Helvetius, qui partagearent entr'eux le dict païs,
dont le dict Sequanus eust pour sa portion la Bourgongne et Chablaix ; Allobrox, le Dauphiné et Savoye,
qui est le dict païs des Allobroges, aux frontières duquel
est la dicte cité de Genève ; et Helvetius, troisiesme fils,
eust le païs dict des Helvétiens, qui maintenant est dict
la Suisse, depuis Genève tirant contre l'Alemagne, et dont
Jules Cæsar faict mention en ces Commentaires ; — ce qui
feust environ l'année 1376 de la Création du monde. Et
feurent faicts les dicts partages à l'occasion d'une concu-
bine du dict Helvetius, laquelle son frère Sequanus avoit
battue.

Laquelle situation est confirmée par certains vers de
Frontinus (*aliàs* Frontonius) ancien poëte :

> Est locus Allobrogum. prisci dixêre Gebennas.
> Quem lacus exornat cristallo clariore...
> Hinc torrens Araris.....

Elle a esté jadis appellée Genua, et après Geneva, au
récit de Vadian en son commentaire sur Pomponius Mela,
lib. ij, où il parle de la Gaule par ces mots : *In Lemani
lacus ora situm oppidum Genua, sive Genera Caesari, qui
lib. vij Gallici belli Gebennam nominat montem, Helce-
tios ab Arvernis separantem. Hodie Gebenna. Lucano,
lib. j*

> .....Qua montibus ardua summis
> Gens habitat, cana pendentes rupe Gebennas.

Il appert donc, par ce qu'est allégué par les dicts passages, de l'ancienneté d'icelle ville, veu qu'il appert par
l'authorité du dict empereur Cæsar, qu'elle estoit en estre
longtemps avant la venue de Nostre Seigneur Jésus-Christ,
et desjà nommée de mesmes que maintenant, et comme le
dict lac Leman a esté par elle dénommé lac de Genève,
pour venir iceluy poser sa rive aux murs d'icelle ville,
abortissant et confinant le dict pals des Suisses.

Il est vray que par succession de temps, la maison de
Savoye a occupé quelque portion de l'entrée du dict pals,
au long du dict lac. tirant en septentrion, dict le pals de
Vaulx, duquel les dicts Savoyars auroient jouy jusques en
l'an 1536, que les Bernois, l'un des principaux cantons
suisses, s'en emparèrent : estant la dicte ville de Genève
quelquefois entourée des dicts Savoyars par la dicte usur-
pation ; et d'autres fois, comme encores, assize entre deux,

asçavoir entre le païs de Savoye et celui des Suisses, comme de présent ; estant ce néantmoins tousjours demeurée en sa particulière domination et jurisdiction spéciale ; faisant le dict lac (tant renommé pour estre des plus grands et plus clairs et limpides de toute l'Europe) confin d'icelle ville du costé de bize, ayant le mont Jura du couchant, le chemin d'environ quattre heures distant, et d'autres montagnes du costé du levant, non guieres eslongnées de la ville.

Par le bénéfice de la navigation qui se faict sur le prédict lac, plusieurs denrées des païs circonvoisins, comme aussy plusieurs marchandizes, sont apportées au dict Genève, tant d'Alemagne et Bourgongne que de Valey et Italie. Au regard des dictes denrées, la quantité du vin y vient de la Vaux, et de Thonon en Chablaix. Avec ce que le païs et terroir d'alentour icelle ville est, de soy, très bon et fertile, rapportant selon sa culture toutes sortes de fruitages, tant d'esté que d'hyver. Il y a grande commodité de pasturages en la plaine et aux montagnes, dont il y a quantité de bestail, qui est de grand revenu aux habitans, pour les fromages et beurre qui en proviennent : suffizent non seulement pour la nourriture et entretien d'iceux habitans et de la dicte ville, mais aussy pour en transporter aux aultres plus loingtaines provinces, tant de la France par la commodité de la navigation de la dicte rivière du Rhosne, que autres. Il y a de fort bons bleds, et vins blancs et servagnins, qui ne cèdent guières en leur qualité à d'aultres vins du dict royaume de France, réputez excellens : ce qui peult estre advenu par l'industrie de la dicte culture que plusieurs François et Italiens y ont apporté, comme aussy par les provins et entes qu'ils y ont introduict recerchez. D'ailheurs l'air y est assez bon et le temps serain,

notamment en automne ; inconstant toutesfois, à cause des
dictes montagnes et rivières dont la dicte ville est enclose ;
comme du dict Rhosne d'un costé, venant du Valley, et de
l'Arve, venant du Faussigni, qui se rend au-dessous d'icelle
ville dans le Rhosne, et principalement du dict lac ; et par
lesquelles rivières, la situation d'icelle ville. outre sa dicte
commodité, est rendue d'autant plus forte en sa deffensive
et protection contre ceux qui voudroient entreprendre à
l'encontre. Lesquelles rivières, outre la dicte navigation,
rapportent au dict Genève autre grande commodité pour
l'abondance du poisson, et notamment des truittes, sau-
mons et brochets, qui se prennent d'estrange grandeur au
respect des autres rivières, veu qu'il s'en trouve de trente
et quarante livres de poids, outre autre quantité de diverses sortes et espèces de moindre poisson qui y est pesché,
et dont on en transporte tant en Savoye qu'en France. La
dicte rivière du Rhosne, qui est l'un des principaux fleuves
renommez ès Gaules, prend son origine du dict païs de
Valley, sortant de certaines montagnes (d'où aussy sortent
autres deux fleuves non moins renommez en l'Europe,
asçavoir le Rhein, descoulant en Alemagne, et le Po en
Italie). Et après entre le Rhosne dans le dict lac Léman,
qui est d'environ quatorze lieues de longueur, duquel lac
il sort près les dictes murailles de Genève, selon que dict
a esté, sans qu'on le puisse guières recognoistre en son
cours pendant qu'il est au dict lac, duquel il prend grande
quantité d'eau, veu qu'il est beaucoup plus grand à la dicte
sortie qu'à l'entrée, et ainsi s'en descend par la Savoye
contre Lyon, et de là coustoyant le Dauphiné, le Vivarets,
la Provence et Languedoc, servant de séparation aux dictes provinces, il s'en entre au-dessous d'Arles, l'une des
principales villes de Provence. dans la mer Méditerranée.

Il traverse par son cours plusieurs villes et faulxbourgs ;
comme en sa dicte sortie du lac Léman, il passe dans la
dicte ville de Genève, séparant par une isle qu'il y faist le
bourg St Gervais qui est une partie de la dicte ville, y
ayant sur la dicte rivière des ponts, garnis de maisons
d'un costé et d'autre, et boutiques tant de marchans que
divers artisans qui y habitent, principalement d'armuriers.
couteliers, esgulliettiers, et espingliers, outre la pluralité
des moulins. Le dict faulxbourg St Gervaix estoit anciennement séparé et hors de la dicte ville ; mais il y feust joinct
et enclos de murailhes et bastions ès années 1536 et 37 :
lequel a esté nommé par Munster en sa Cosmographie :
petite Genève.

CHAPITRE II

De la fondation et antiquitté de Genève.

Puisque nous avons descrit l'assiette et situation de la
dicte ville de Genève, il est question maintenant de mons-
trer qui en a esté le foudateur et constructeur, en tant
qu'on en peult apprendre des anciens hystoriens et cosmo-
graphes qui en ont escrit ou faict mention. Aucuns attri-
buants la dicte fondation à un Lemanus, duquel a esté
faicte mention au précédent chapitre ; lequel est sorti de
la race du grand Hercules de Libie ; lequel auroit esté des
anciens roys de Gaule, et duquel nostre lac feust dénommé.
Lequel Lemanus, après avoir ruyné et démoly certaine
ville ancienne qui estoit size au-dessus de Lauzanne,
nommée Arpentras, desplaisant de telle ruine, se délibéra
d'en faire bastir et construire une autre, tellement qu'ayant

observé le pais circonvoisin par luy conquis, et recogneu le coustaut qui estoit au bout du dict lac, proche de ses deux rivières du Rhosne et Arve, lequel coustaut s'appelloit Genabum pource qu'il estoit remply de génevriers, il y fist construire la dicte ville, qu'il dénomma Genebra ou Genevra, ce qui advint environ l'année 1394 de la Création du monde, qui est environ 360 ans avant la venue de Nostre Seigneur Jésus-Christ.

Les autres dient que la dicte ville auroit esté fondée par un nommé Genabus, sorti de Numance, lequel après la destruction de sou païs, s'estant retiré en ces quartiers avec quelques-uns des siens eschappez de la dicte destruction, édifia au bord du dict lac la dicte ville sur le dict coustaut remply de genèvres, qu'il nomma Geneba. Laquelle, par succession de temps et accommodement de langage. auroit esté dicte Geneva par changement du B en V, ce qui est facile, veu qu'encores il y a plusieurs peuples. comme entre autres les Gascons, auquels tel changement est en usage.

Les autres, qui sont les plus eslongnez de la vérisimilitude, dient que la dicte ville a esté fondée par l'empereur Aurelian, l'opinion desquels est réfutée et vériffiée erronée par ce qu'a esté au dict précédent chapitre allégué des Commentaires de Jules Cæsar, premier empereur de Romme, voire longtemps avant l'empire du dict Aurelian ; sinon qu'on veullie attribuer au dict Aurelian quelque réparation ou restablissement de la dicte ville, qui auparavant eust peu estre en quelque façon en partie ruynée par les ravagements des Gots, Vicegots et semblables peuples barbares qui auroient causé plusieurs ruines ès Gaules et autres païs où ils ont passé, pour laquelle restauration la dicte ville feust du temps du dict empereur appellée Aurelia Allobrogum, au récit de quelques autheurs, comme celui qui a dressé le libvre intitulé *la République des Suisses*, faisant mention d'un grand embrasement advenu en icelle ville du temps d'Éligabale, par lequel elle feust presque entièrement consumée : comme encores elle est subjecte à tels accidens de feu, pour estre icelle, pour la plus grand part, bastie de bois. Le mesme autheur adjouste que Genève auroit esté fourragée par après, comme plusieurs autres villes, par telles nations barbares qui se ruèrent en France, selon qu'a esté dict cy-dessus, sous le mot des Gaules.

Et ainsi, nous contentans d'avoir rapporté les diverses opinions des dicts anciens escrivains, nous en laissons le jugement au lecteur, pour en recevoir ce que bon luy semblera, quoyque le plus vraysemblable et croyable soit que la dicte situation du lieu commode près le dict lac et rivières, comme aussy du dict païs circonvoisin, a peu occasionner la fondation et construction de la dicte ville, comme aussy les dicts genevriers la nomination d'icelle. Ayant les dicts barbares, destructeurs des dicts païs et villes célèbres par où ils sont passez, heu en recommendation de faire perdre tous les libvres et escrits qui leur sont peu tomber entre mains, afin de faire par ce moyen esteindre la mémoire de toute antiquité, comme ennemis jurez de science et célébrité des autres nations et anciens peuples.

CHAPITRE III

De la commodité et revenu de Genève et païs circonvoisin.

Nous avons desjà cy-devant au premier chapitre touché combien grande est la commodité et utilité du païs circonvoisin de la ville de Genève, tant pour ce qui dépend du terroir et montagnes, Jura et autres telles que celle de Salève, distante d'environ deux petites heures de chemin, du costé presque tirant sur le mydy, et monticules ou plustost collines du Faussigni et païs du Genevois, que au regard des dictes rivières du Rhosne et Arve, abondantes en plusieures espèces de poissons, grands, moyens et menus, duquel non seulement la dicte ville et ses villages sont accommodez, mais aussy la Savoye et le Lyonnois : y ayant ordinaires vivandiers, nommez poissonniers, qui ne cessent d'aller et venir par chacune sepmaine en la dicte ville de Genève, pour y prendre et charger du dict poisson, faisants deux voyages la sepmaine pendant la caresme. Et sont les plus communes espèces dictes truictes, ombres, brochets, ferrats, perchets et bezoles, en leur manger fort délicats, lorsqu'ils sont appareillez à la mode du païs avec beurre frais et vin, selon que les pastissiers, hostes, hostesses et poissonniers sçavent trop mieux. Estant l'admodiation annuelle de la pesche des dictes rivières et lac, qui se délivre par la Seigneurie annuellement au plus offrant à cri public, de grand revenu à la dicte Seigneurie de Genève, pour le grand débit qui se faict du dict poisson.

Et pareilhement, il y a une autre particularité au dict païs circonvoisin de Genève, outre le gibbier et volailhe qui se prend : que les habitans nourrissent quantité de chapons et oyes qu'ils engraissent en telle sorte que sont viandes fort délicattes pour l'hyver ; et y en [a] parfois telle abondance aux marchez d'icelle ville les mecredys et sabmedys, aux environs de Noël, qu'on en feroit des murailhes, et sont transportez par les dicts vivandiers tant en France qu'ailheurs assés loing, pour n'avoir les autres contrées, telle propriété au dict engraissement. Les chairs tant de bœuf que de mouton y étant aussy assés bonnes ; mais surtout il y a quantité de veaux, dont quelques-uns sont d'excellent manger Il y a fort grande abondance de bons pourceaux, à cause de la pluralité des bois où il y a aglant pour leur pasturage et engraissement, comme aussy, en plusieurs endroicts, des fruicts : poires, pommes, noix et chastagnes. On void, principalement en la dicte saison de l'automne, arriver ès dicts marchez, tant par basteaux sur le dict lac, que par terre par charrets, de toutes sortes des dicts fruitages qui se débitent à fort vil prix, et pareilhement des raves et naveaux, ce qui entretient les vivres à [bon] marché, parce que le menu peuple se repaist de tels fruitages, et de mesmes le dict bestail, tellement que le moindre paysant a commodité, par tels boscages, arbres fruitiers et raves, de nourrir des vaches et chèvres, et ainsy entretenir sa familhe commodément.

Et, combien que la proximité des dictes montagnes et rivières cause aux habitans de la dicte ville et villages de l'incommodité pour les grandes froidures de l'hyver qui y est long et fascheux, si est que la commodité de l'abondance du bois qu'il y a, et qui abborde en la dicte ville, de tous endroits par eau et par terre, ensemble du charbon et braises qu'on y apporte, et dont la dicte abondance cause prix convenable, surpasse en commodité la dicte incommodité : ayant par ce moyen le Seigneur voulen preuvoir à la nécessité des dicts habitans, leur donnant de quoy corriger et remédier à la dicte fredure. Qui plus est, autre commodité ressort des dicts lac et Rhosne, parce que les voittures et ports, tant des dictes denrées, bois et charbons, que des marchandises qui se portent au dict Genève, que de celles qui en sortent, sont à beaucoup meilleur marché que s'il les faloit porter à dos de chevals ou mulets, ou bien par charrois. Avec ce qu'il y a autre commodité de la fuste qui vient par dessus le dict lac pour les bastimens, et dont ceux du dict Genève font grand traffic, y ayant pour icelle fuste une place expresse, dicte la Fusterie, servant pour ceux qui font tel traffic, ou ceux qui en ont besoin, tant de la ville que d'ailheurs, se vont prouvoir.

De la dicte quantité de bestail, non seulement de la dicte bovine susmentionnée, nourrie ès dictes montagnes, mais aussy de la chevaline qui y est pareilhement eslevée par les villageois et montagnars, ceux du Piedmont, Dauphiné et autres lieux ont accoustumé se pourvoir par quelques marchands qui y viennent fréquenter les foires et marchez.

Finalement, la situation de la dicte ville, qui est mise et colloquée comme pour terme et séparation entre plusieurs monarchies, principautez et républiques, avec lesquelles les habitans d'icelle ville ont conversation et traffic, tant pour le dict bestail qui leur est de fort grand revenu, que pour autres marchandizes qu'ils négotient, estant la dicte ville comme le magasin pour l'assortiment de la Suisse, Lorraine, Bourgongne, Valley et particulièrement de la Savoye et Piedmont. Et duquel commerce ressortent les principaux revenus de la dicte Seigneurie genevoise, par les droicts seigneuriaux qu'elle retire des gabelles et péages qui sont d'ancienne et moderne imposition sur les dictes marchandizes, danrées, chairs, cuirs et semblables : ce qui est un moyen pour le support des grandes charges qu'il leur convient supporter pour leur protection.

CHAPITRE IV

Des conditions et mœurs de ceux de Genève.

On pourroit dire méritoirement estre chose très difficile et comme quasi impossible, de pouvoir faire certaine description des conditions et mœurs des habitans de la dicte ville de Genève, auxquels particulièrement compète le proverbe commun : *Quot capita, tot sensus*, c'est-à-dire y avoir autant de sens et opinions qu'il y a pluralité de testes, attendu que c'est un peuple rassemblé et composé de plusieurs nations, qui d'un costé et d'autre ont accoustumé se venir retirer en la dicte ville, principalement artisans de divers mestiers. Tellement que c'est un continuel changement de jour à autre, tant au regard de la condition de leurs personnes, que de leurs mœurs et manières de vivre et habits.

Cepandant, pour faire estat de leur qualité, pour ce qui peult estre colligé de la plus grand part et des plus notables du lieu, on peult dire que les dicts Genevois sont d'un naturel assés paisible, modeste et courtois, et mesme libéral envers l'estranger, voire d'un courage magnanime plustost que prudent, estant impatient de servitude et adstriction, mais non assés advisé à garder sa liberté lorsqu'il l'a acquise, pour laquelle le Seigneur leur a souvent miraculement pourveu contre plusieurs entreprises de leurs ennemis, qui ont voulen entreprendre contre eux. Ils sont de tel naturel qu'ils perdroient plustost la vie avec leurs biens, que de consentir par la force à ce à quoy ils auront dissenty : en ce notamment qui est des privilèges et droicts des citoyens et bourgeois. Ils ont esté de tout temps fort subjects à leurs plaisirs, notamment les marchans, lesquels par leurs grands négoces et traffics mercantils, faisants de très grands proffict et gains sur leurs marchandizes, par l'abondance de toutes commoditez, et affluence de toutes sortes de vivres délicats, se nourrissent grassement. Il est vray que despuis l'année 1535, qu'ils ont receu l'exercice de la Réformation du St-Évangille, leur oppulence est de beaucoup amoindrie par les continuels et divers harassements qui leur ont esté faicts par ceux (principalement de la maison de Savoye) qui ont vouleu empiéter sur leur dicte liberté, et autres ennemis de leur dicte Réformation, par lesquelles traverses leur dict commerce ayant souvent esté interrompu, ils n'ont aussy peu continuer en leurs délices, mais ont souffert tant en leur public qu'au particulier de fort grandes incommoditez; estant merveilhes comme ayans iceux heu tant de contraires, ils y ont peu résister et subsister en leur petit estat, qui est en sa qualité à la vérité des moindres, non seulement de l'Europe, mais bien du monde, combien que sa dicte petitesse soit sa grandeur en renommée.

Les habitans donc de la dicte ville, ainsi incommodez et poursuivis par leurs voisins ennemis, privez de tels leurs anciens délices. ont esté constrains de vivre plus frugalement et austèrement qu'auparavant, et de rabbattre de leurs bombances en habits sumptueux, desquels ils souloient en leur première prospérité se servir, uzans de plus grande modestie chrestienne, comme estans aussy retenus par la dicte réformation de leur religion, non telle toutes fois qu'il seroit bien requis. Ayant pour tel effect aussy le Magistrat establmy, dressé et publié plusieurs loix et ordonnances pour le règlement des banquets et habits, afin de contenir d'autant mieux les dicts habitans en debvoir.

' Or, avant les dictes molestes et guerres, contre eux suscitées par iceux voisins et particulièrement par ceux de la Maison de Savoye, la dicte ville estoit beaucoup plus grande et spacieuse qu'elle n'est à présent, selon que certaines vieilles masures et murailhes ruynées et semblables vestiges restans encores en apparence aux environs d'icelle ville en font foy. Estant certain qu'il y avoit de très beaux bastimens et lieux de plaisance tant hors que dedans la ville, plusieurs églizes, soit temples et couvens outre les fauxbourgs qui contenoient grande espace de chemin, notamment ceux qui estoient au long de la pleine qui est au-devant l'une de leurs portes, laquelle pleine est dicte le Plainpalaix, lequel fauxbourg duroit jusques à la rivière d'Arve ; ce qu'ils ont esté constraints ruyner en se renfermans plus estroictement et faisants faire leurs murailhes, bastions et remparts sur tels lieux de plaisance, continuans encores aujourd'huy leurs fortifications par les continuels deffaults qu'ils y recognoissent journellement, selon que la malice et astuce des hommes croist et augmente de jour à aultre par les guerres qui se pratiquent en divers endroicts de la Chrestienté, qui aiguissent les esprits à nouvelles inventions et machines pour se surprendre et s'entreruyner les uns les autres.

CHAPITRE V

De la conférence de l'ancienne avec la moderne ville de Genève.

Combien que par le précédent chapitre nous ayons monstré de combien est amoindrie la ville de Genève telle qu'elle est aujourd'huy, et combien elle est différente de l'ancienne; et déclaré les causes d'une telle différence et amoindrissement, il reste encores de sçavoir quel a esté l'ancien contenu et pourpris, quelles en estoient les portes. Par laquelle description nous trouverons que la dicte ville, ainsi qu'elle auroit esté premièrement comprise, au lieu qu'à présent elle est en forme longue, elle estoit jadis comme ronde, à la prendre jouxte les dictes anciennes portes, laissant à part les faulxbourgs, aucuns desquels y ont par après esté enclos. Car la dicte ville tenoit despuis la place dicte Longemale où est maintenant la boucherie, tirant à ce grand portail dict la porte d'Ivoire; et de là, montoient les dictes anciennes murailhes droit à la porte du Chasteau; et par ce moyen, la place et maisons du Bourg du four se trouvoient estre hors l'ancienne ville, y ayant esté par après annexées par autres murailhes, tirant dès la tour qui est au carré du bord du lac, dicte Maistresse, à la porte de Rive comme icelle située à la rive soit bord du dict lac; et de là, montant à la porte dicte de St Antoine en distance d'environ un traict de mousquet; et de là, à la porte dicte de St Legier qui est un peu plus eslongnée; et de là, à la porte dicte de la Maison de Ville, soit de la Treillie, en semblable distance d'environ un traict de mousquet; et de là, à la porte dicte Tartasse, d'environ une arquebusade; de laquelle fault suivre à la porte de la Courraterie, soit de la Mounoye, près de laquelle suit d'assés proche une autre porte servant pour sortir sur le pont du Rhosne; et après celle qui alloit au port du dict lac, qui sont encores vieilles arcades y existantes.

Et y avoit, aus dictes anciennes murailhes, comme des courredous soit galleries tout à l'entour, par lesquelles on pouvoit faire comme la ronde à couvert, fort du costé du lac et du Rhosne, où il n'y avoit continuation d'icelles murailbes. Quant aux faulxbourgs, il en avoit plusieurs comme dict a esté. Les uns estoient hors la dicte porte de Rive, faisans une longue rue au long du lac jusques aux Eaux-Vives. Ceux de St Antoine continuoient jusques vers Sainct-Victor ; ceux du cosié St Lagier jusques au pont ancien qui estoit construict sur la dicte rivière d'Arve pour sortir en Savoye par le balliage de Ternier ; qui sont les mesmes fauxbourgs dont a esté parlé cydessus, qui tenoient le long du Plainpalex. Ceux de la porte de la Courraterie tenoient le long de la rive du Rhosne jusques en l'hospital pestilential. Tellement qu'on trouvera, le tout estant deuement considéré, qu'on a ruiné presque autant de maisons et autres bastimens comme il y en a de présent au dict enclos de la ville.

Et au lieu que d'ancienneté, du costé de la ville, il y avoit six portes, telles qu'elles ont esté susspécifiées, elles ont esté restreinctes et réduictes à deux, à sçavoir celle de Rive, et celle qui a esté en ces derniers temps ' construicte au bas de la descente de la dicte porte de Ville et de celle de la Tartasse : dicte la Porte Neufve. Et comme cy devant avons dict avoir esté construicts plusieurs boulevars au lieu des maisons de plaisance anciennes, la ruyne et démolition d'icelles a esté pour leurs pierres employée à la construction des murailles d'iceux boulevars.

Pour armoiries anciennes de la dicte ville, il y avoit, avant la Chrestienté, du temps du paganisme, un Cupido qui auroit esté changé, lors de la renonciation faicte par les habitans d'icelle du dict paganisme, en un Jesus abbrégé,

---

' Ce passage doit être relevé, comme essentiel pour la détermination de l'époque où écrivait notre auteur.

enclos dans un soleil, qui encores se trouve conservé en plusieurs maisons et murailhes anciennes ; mais après, ils auroient pris la clef et l'aigle, avec la devise : *Post tene-bras spero lucem*, qui signifie qu'ils espéroient la clarté après les ténèbres. Laquelle leur auroit présagé la susalléguée Réformation, qu'ils ont finalement receue, despuis laquelle ils auroient accommodé par abbréviation icelle devise en ces mots : *Post tenebras lux*, lorsqu'ils auroient obtenu la clarté par effect, qu'ils avoient auparavant espérée, par la dicte Réformation et prédication de la pureté du St Évangille, ayans les dicts habitans quitté et abjuré les abbus et superstitions et idolatries de la papaulté, au temps susdeclaré.

CHAPITRE VI

Des temples et hospitaux.

Il y avoit plusieurs églizes soit temples et couvens, et plusieurs personnes qui y estoient affectées, tant hommes que femmes de religion, qui y servoient en diverses sortes, selon que sera dict en son lieu, tels édifices et offices ayants esté par la prédicte Réformation changez.

Le premier temple cathédral estoit dédié à St Pierre, ayant retenu son nom et estant demeuré en son entier, comme il est encores à présent, duquel les dicts habitans se servent, y faisans leurs assemblées ordinaires pour le st service divin, aux prédications, cathéchismes et prières qui y sont faictes, comme aussy pour la célébration des sts sacremens, asçavoir du baptesme et de la Cène; les mariages y sont pareilhement solemnizez, et le tout sincèrement administré, jouxte ce qu'est prescript et ordonné par leurs loix et ordonnances ecclésiastiques, et les formulaires qui ont esté dressez pour telles célébrations et solemnizations, lors d'icelle Réformation. Auquel temps, avec l'évesque et chanoines, les autres religieux papistiques se seroient retirez hors d'icelle ville, et la pluspart rière le Genevois, où consistoient la plus grand part de leurs revenus ecclésiastiques. Le dict évesque de Genève, pour estre recogneu des dicts habitans, lors de la papaulté et avant la dicte Réformation, il falloit qu'il feust installé au gré et à l'adveu du peuple, notamment des citoyens et bourgeois de la ville qui en faisoient élection par la pluralité de leurs suffrages, parce qu'il n'estoit pas seulement principal pasteur en ce qui dépendoit du spirituel, de l'ecclésiastique et de la religion, mais avoit aussy titre et qualité de prince temporel sur la dicte ville et son ressort épiscopal, ne recognoissant icelui autre supérieur en la dicte temporalité, fors l'Empereur et Empire, combien qu'au regard de la dicte spiritualité il feust sous l'authorité de l'archevesque de Vienne en Dauphiné, et en dernière cognoissance sous le pape comme souverain pontife de l'Europe, et lequel à ceste occasion tous autres du dict estat ecclésiastique recognoissent pareilhement. Iceluy évesque de Geneve estoit accompagné de trente-deux chanoines, avec grand nombre d'autres prestres et clercs et divers ordres de religion.

Il y avoit sept parroisses, à sçavoir : quattre en la ville et trois aux faulxbourgs. Celles de la ville estoient Ste Croix, dépendant de l'églize cathedralle ; Nostre Dame la neufve, où il y a un temple qui est à présent l'Auditoire des escholiers publics théologiens ; la troisiesme estoit la Magdeleine, et la quatriesme St Germain, où il y a encores maintenant deux temples, de mesmes usage que celui que dict a esté de St Pierre. Es dicts faulx-bourgs estoient St Gervaix, où il y a encores le temple de pareil usage que les précédens, ayant le dit faulbourg esté joinct à la ville, selon que dict a esté. La seconde par-roisse estoit de St Lagier, qui a esté démolie, et la troi-siesme celle de St Victor, qui estoit enclavée avec une églize de l'ordre de Cluni, pareilhement ruinées avec les temples, couvens et chappelles y existans, ensemble les dicts faulxbourgs.

Il y avoit en outre deux monastères en la ville, de cor-deliers et cordelières, lesquels cordeliers estoient de ceux qui sont appellez à manches larges, et les cordelières observoient la règle ancienne de Ste Claire. Les dicts reli-gieux avoient leur couvent, appellé Rive, près la porte ainsi nommée, et contenoit en son bastiment despuis la dicte porte jusques au lieu où despuis a esté construict le Collège. Celuy des dictes religieuses estoit où maintenant est l'hospital général de la dicte ville, dans lequel se voyent encores quelques chappelles de dévotion, ensemble l'églize soit temple où estoit faict le service, par laquelle proximité d'iceux couvens des dicts religieux et religieu-ses il appert assés quelle pouvoit estre leur abusive fré-quentation, ayans entr'eux plusieurs secrettes entrées et issues pour n'estre apperceus ni apperceues.

Hors la dicte ville estoit le monastère de St Victor, de l'ordre de Cluny, selon qu'avons dict, qui est gouverné par un prieur et neuf moines vivans de leurs rentes ; et estoit tel monastère dédié d'ancienneté à trois dieux payens, Jupiter, Mars et Mercure, lesquels lors du papisme feu-rent changez en trois saincts, Vincent, Victor et Ours, combien qu'il n'y eust que St Victor de nommé pour patron.

Le second monastère forain estoit des Jacopins, assis en la Courraterie, et estoit nommé Palaix pour sa magnificence et grandeur. Les grands seigneurs y alloient souvent loger, notamment le Duc avec sa court, estant le dict monastère capable pour y recevoir et accommoder une grande court, sans discommoder les moines. L'horologe qui est maintenant sur le portail de la Monnoye allant sur le pont du Rhosne, estoit au dict monastère.

Le troisiesme monastère estoit des Augustins, assis auprès du pont d'Arve sous le titre de Notre Dame de Grâce, ainsi qualiffiée à l'occasion de certaine peinture que un bastard de Savoye nommé [1]   avoit faict peindre, représentant une Nostre-Dame fort belle et de bonne grace, laquelle il fist poser dans une chapelle qu'il fist construire au dict monastère soit couvent, et laquelle feust en grande renommée de faire plusieurs signalez miracles, et entre autres de faire revivre les petits enfans qui naissoient morts, tellement qu'on en apportoit de toutes parts afin de leur faire recevoir baptesme, et éviter par ce moyen le Limbe, où le poure peuple hébété et aveuglé des erreurs papistiques croyent tels enfans n'estans baptizez estre envoyez. Et par telle renommée, les offrandes qui se conféroient au dict monastère, estoient journellement accreues et multipliées au grand proffict et avantage des dicts religieux. Lesquels, pour donner d'autant plus de couleur au dict erreur et attirer plus de moyens, pendoyent quelque partie des dictes offrandes au devant telle peinture soit idolle, ainsi par les poures aveugles superstitieux adorée, leur faisant accroire que le tout estoit par elle consumé, selon qu'est récité des sacrificateurs de

---

[1] Le nom manque.

l'idolle Bel, qui après faisoient avec les leurs bonne chère
de semblables offrandes : car ainsi en faisoient les dicts
religieux qui vivoient grassement de ce qui estoit conféré
à la dicte peincture.

Il y avoit en oultre une abbaye de riches moines à
St Jean vers les Crottes, deshors St Gervaix, à costé du
chasteau dict la Bastie, avec plusieurs autres chapelles et
oratoires de dévotion : comme entre autres hors la porte
de Rive, il y en avoit une portant le nom de St Jean de
Jérusalem, qu'on appelloit aussy communément le Temple,
où estoit le cimetière auquel estoient ensepvelis les enfans
qui naissoyent morts ; item les chapelles St Paul, Ste Mar-
guerite, Nostre Dame du Pont, laquelle estoit à l'endroict
où est maintenant la Monnoye, et de laquelle la place qui
est au-devant a jusques à présent esté dénommée la place de
Nostre-Dame, autrement dicte de la Cité. Toutes lesquelles
chapelles ont esté despuis la dicte Réformation par les
dicts habitans ruynées, ou employées à autre meilleur
usage.

Il y avoit sept hospitaux, lesquels ont esté réduicts à
deux, à sçavoir au prédict hospital général en la place du
monastère des dictes religieuses de Ste Claire, et l'hospital pestilentiel qui est hors la ville, où estoit l'ancien monastère des dicts Jacopins.

CHAPITRE VII

De l'ancienne église de Genève et des fondateurs d'icelle.

Il y a certaine vieille chronique non encores imprimée,
et de laquelle l'autheur n'est nommé, racontant que Parado-

' cus, qui a esté l'un des septante disciples de Nostre Seigneur Jésus-Christ, avec St Denis, feurent ceux qui fondèrent l'églize soit temple St Pierre de Genève ; et que de là, le dict St Denis, après la dicte fondation, s'en alla en la ville de Paris, ayant laissé le dict Paradocus au dict Genève : ce que de mesme ce trouve confirmé par un mémorial escrit à la main en quelques feulliets d'un vieulx exemplaire de Bible, lequel les chanoines de Genève conservoient entre leurs titres, documens et reliques prétieux de leur chapitre ; auquel mémorial est en outre contenu comme l'églize de Genève avoit esté fondée par les Apostres et leurs disciples ; et qu'estant grandement fleurissante, elle feust abbaissée par les peuples mal conditionnez, jusques au temps du Concile de Thurin, qu'elle feust restablie ; et dominoist icelle sur toutes les autres villes qui estoient despuis les Alpes Rhétiques jusques aux Gotthiques.

Il y a aussy, sur la fin des dicts feulliets, un dénombrement de personnes ecclésiastiques qui feurent celles qu'on esleut pour la tenue du dict concile suivant la présumption de plusieurs. Et combien la lettre soit tellement ancienne et desjà par le temps effacée, encores entre autres y list on ces mots : *Domus Episcopi*, et y a au-dessous les trois lignes suivantes qui sont vieux vers :

> Hos mense Christi constat libamine pasci
> Vascula terra Dei proprio de sanguine facti
> In templo Domini prisca de lege notati.

Par laquelle ancienne escriture peult apparoir que le dict Paradocus, estant tel que dict a esté disciple de Nostre Seigneur, l'a esté par mesme moyen des Apostres, et qu'il a esté le premier fondateur d'icelle églize, et y avoir aussy esté le premier évesque, auquel succéda Isarius, et à icelui Maximius, à la requeste duquel l'abbaye St Maurice en Chablaix feust bastie. Il se trouve pareilhement Cariato, autre évesque, lequel assista au Concile d'Orléans ; et après suivist Domitianus, autre évesque, pendant l'épiscopat duquel le chasteau de Soleurre en Suisse feust subject à l'évesché de Genève ; sa vie et conversation feust telle qu'aucuns roys et princes payens feurent emmenez au Christianisme, au récit d'Aventinus en ses mémoires. Il y eust conséquutivement un Humbert de Grandmont pourveu de la dicte evesché, et après luy quelques autres, desquels les noms se trouvent par l'injure du temps prétérits, supprimez ou oblittérez.....

Je supprime la fin de ce chapitre, ainsi que le chapitre VIII, duquel il a été parlé dans l'Avant-propos.

CHAPITRE IX

Quelle a esté la ville de Genève du commencement.

Il est comme impossible de donner ou représenter une certaine description de l'ancienne ville de Genève, telle qu'elle estoit avant le premier ambrasement d'icelle, qui feust du temps de l'empereur Heliogabalus, environ l'année 226 dès la venue de Nostre Seigneur Jésus-Christ, pour ce que nous n'en trouvons les mémoires certaines par ce que les anciens escrivains nous en ont laissé ; mais nous contenterons de la descrire telle qu'elle feust rebastie et restaurée par l'empereur Aurelian environ l'année 280 ; qui la fist de son regne appeller Aurelia, selon que dist a esté.

Il y fist sept portes, outre celle du lac, telles que nous les avons cy devant spécifiées, avec plusieurs places pour servir aux marchez et pourmenoirs, entre lesquelles estoit celle dicte Longemalle, ainsi appellée parce qu'elle avoit une grande et longue hasle, servant maintenant pour l'une des boucheries de la ville, là où d'ancienneté elle servoit au marché du bled aussy bien que de la chair.

L'autre place estoit appellée le Molard, au-devant des grandes hasles de la ville, près du port du lac, et où encores de présent se tient le marché du fromage, beurre, poisson et menues daurées, comme aussy du gibbier, de la volaille ; quelquefois du vin, du bois, cendres, du fourrage du bestail, et où la pluspart des inquants des meubles se font ; dicte de ce mot *Moular*, parce qu'elle est *moul large* et capable de grand peuple ; en laquelle aussy se font les exécutions à mort, quand elles sont faictes dans la ville.

L'autre place est la Fusterie, ainsi qualifiée pour y estre la fuste propre à bastir tenue et vendue par ceux qui en font le commerce, selon que l'avons desjà déclaré.

L'autre est à St Gervais, qui est pareilhement de très grande contenance et capacité, et où les charrets chargez de bois venant des bois et montagnes de Gex, ont accoustumé s'assembler les jours du marché pour leur débit.

L'autre est celle qui est au-devant la Monnoye, dicte de la Cité, ou bien de Nostre-Dame pour cause d'une fort belle chappelle, en laquelle y avoit comme une gage, soit enchasseure de treillis de fer, en laquelle estoit enchassée une fort belle idolle de Nostre-Dame, dicte *du pont*, ruynée plusieurs années despuis la susdicte Réformation.

L'autre, estant plus hault, tire vers la Maison de Ville, et est nommée la Juifverie ; comme avons cy dessus monstré, à présent dicte la grand boucherie, assés près de laquelle est l'ancienne porte appellée de la Courraterie.

L'aultre est celle qui est au-devant la Maison de Ville, où est l'ancien trosne judicial devant lequel sont publiquement leus les procès et sentences contre les condamnez criminels, estant faict comme un parquet par barreaux qui y sont dressez, qui font un enclos dans lequel les juges et officiers de Justice avec le patient sont enfermez.

L'autre est celle qui est appellée la Tacconnerie, où estoient d'ancienneté logés les tacconniers ou soit savetiers et cordonniers, et où il y avoit, au-devant l'églize, soit temple de Nostre-Dame la neufve, une grande hasle destinée pour la vente des fromages, qui a esté despuis quelques années accommodée pour le pourmenoir des escholiers et pour les inquants des libvres, comme de faict il y a, tant dans la dicte hasle que ès lieux circonvoisins d'icelle place, plusieurs boutiques et magasins de libvres pour l'usage et commodité des dicts escholiers, qui ont leurs auditoires des leçons publiques, tant au dict temple de la dicte Nostre-Dame que en la susmentionnée chappelle du dict Cardinal.

L'autre place est dicte le Bourg du four, parce que autresfois elle estoit *de four*, c'est-à-dire, au langage du païs, au deshors la ville; où se tient le marché du bestail, comme chevaux, bœufs, vaches, chèvres, moutons et pourceaux et autres semblables; comme aussy le marché du bled, froment et autres graines, pour le débit desquels il y a des mesures anciennes de pierre et marbre, de toutes les sortes, pour la commodité des vendeurs et achepteurs, avec leurs rasoires marquées de la marque de la ville, y ayant les mesures de la couppe, qui est de la contenance d'environ un sac, celle du bichet qui est une demi-couppe, celle du quart de la couppe et celle de la quarte qui est le demi-quart.

Il y a encores deux autres moindres places que les précédentes : à sçavoir celle qui est au-devant le grand hospital général, où estoit le monastère des nonnains de Ste Claire, et celle qui est au-devant la chappoterie soit lieu où on dresse les bastimens du public et où travailhent les charpentiers ; qui autresfoys estoit le monastère des Cordeliers, tel qu'il a esté cy-dessus déclaré, assés proche de la porte de Rive.

Toutes les prédictes sept portes ont esté réduictes, selon qu'a esté dict, à trois, outre celle du port, close par chaines tous les soirs, pour laquelle closture il y a un commis exprès qui a le serment de la Seigneurie pour en avoir le soin et estre fidelle en telle commission.